AF308732

ALLOCUTION

PRONONCÉE PAR MGR DELANNOY,

Evêque de Saint-Denis,

A L'OCCASION

de la

RENTRÉE DES RELIGIEUSES DE LA RÉPARATION
DANS LEUR ANCIEN MONASTÈRE

Mes chères Sœurs,

Dieu éprouve d'ordinaire ceux qu'il aime. Mais, comme on l'a dit : quand il efface ce n'est que pour écrire. Il abat pour relever, il éloigne pour ramener ceux qu'il veut rendre de plus en plus dignes de lui. Vous en offrez en ce moment une preuve frappante.

Il fut bien douloureux le jour où il vous fallut quitter ce sanctuaire deux fois consacré et par l'onction de l'Eglise et par celle de vos prières. Votre cœur dut éprouver un bien cruel déchirement quand vous vous vîtes forcées d'abandonner cette maison, qui avait été le berceau de votre œuvre dans la Colonie, et qui, en si peu d'années, s'était enrichie de tant de souvenirs, et avait été, pour tant et de si belles âmes, le vestibule du Ciel !

Mais, si grande qu'ait pu être la tristesse du jour qui vous éloigna de ce pieux asile, plus grande encore n'est-elle pas la consolation du jour qui vous y ramène? N'avez-vous pas éprouvé tout à l'heure, en revenant de votre exil, à la suite de ce Dieu de l'Eucharistie qui est l'objet continuel de vos adorations, quelque chose de ce qu'éprouva celle dont vous portez le nom, lorsque, sortant de la terre étrangère, elle reprenait, conduite par son Jésus, et le conduisant elle-même, le chemin de sa chère solitude de Nazareth ?

Du plus grand cœur, nous nous associons à votre joie ; mais, en même temps que nous nous réjouissons pour vous, nous nous réjouissons aussi pour nous, car la tempête n'ayant ébranlé l'arbre que pour l'enraciner davantage, plus largement que jamais vous allez remplir la mission qui vous est confiée en notre faveur.

Permettez donc, mes Sœurs, que, vous laissant à votre joie, nous songions surtout en ce moment à ce qui doit faire la nôtre. Permettez qu'en présence des immenses besoins de notre époque

maladé et troublée, en face de tant de préjugés
dont gémissent les pieux fidèles qui m'écoutent,
je leur dise ce qu'est une maison comme celle-ci,
non pour Dieu qui y est honoré, non pour les
âmes qui s'y sanctifient, mais pour nous, pour
la société, pour notre société.

C'est tout à la fois, mes Frères, une école et
un centre d'action : une école, parce que c'est
une maison de saints exemples, d'éloquentes
vertus ; un centre d'action, parce que c'est une
maison de prière.

On l'a souvent répété, et avec raison, de toutes les leçons, la plus persuasive, la plus entraî-
nante, et, partant, la plus nécessaire, c'est celle
de l'exemple. Quand la vérité voulut parler aux
hommes elle commença par s'incarner ; avant
de devenir parole elle se fit vertu : *Cœpit facere
et docere.* Pour instruire l'humanité, le Verbe
parla le langage de l'action durant trente ans ;
sa parole ne vint après que comme une traduc-
tion ; mais, le texte, c'était la trame divine de sa
vie et de ses exemples, ainsi qu'il le disait lui-
même : *Exemplum dedi vobis ut quemadmodùm
ego feci ita et vos faciatis.*

Toute vie sainte est donc comme un pacifique
discours qui retentit à l'oreille du cœur et qui
dit sans cesse à celui qui la considère : La vertu
est possible, puisqu'elle existe ; elle est belle,

puisque tu ne peux t'empêcher de l'aimer ;
pourquoi ne serais-tu pas vertueux, toi aussi ?
pourquoi ne pourrais-tu pas ce que tant d'autres ont pu : *Cur non poteris quod isti et istæ?*

Cette dernière parole est de saint Augustin.
Ainsi qu'il le raconte dans ses confessions,
elle lui fut inspirée précisément par la vue
d'une maison religieuse. Il habitait alors la
ville de Milan et se débattait, depuis longtemps
déjà, contre les poursuites de la grâce de Dieu, qui
voulait le sauver. Un jour, qu'il se promenait
dans la campagne avec quelques-uns de ses
amis, il entra par hasard dans un monastère où
vivaient quelques fervents religieux. A la vue
du calme, de la paix sereine qui se reflétaient
sur le front de ces hommes qui avaient tout
quitté et qui menaient une vie si humble et si
austère, il se reprocha son peu de courage.
« Ces gens simples ravissent le Ciel, disait-il en
sortant, et nous, avec toute notre science, nous
le perdons. » Cette pensée ne le quitta plus, et,
au milieu du dernier et terrible assaut que lui
livra l'Enfer, il répétait sans cesse : Pourquoi ne
pourrais-tu pas ce qu'ont pu ces hommes, ce
que peuvent même des femmes : *Cur non poteris quod isti et istæ,* jusqu'à ce qu'enfin le Ciel
vint à son aide pour achever la victoire de sa
conversion.

L'humble monastère avait donc été pour ce grand philosophe, pour cet illustre génie une école plus instructive et plus utile que toutes les académies célèbres qu'il avait fréquentées.

Or, mes Frères, cette prédication de l'exemple qui a converti saint Augustin ne cesse de retentir dans cet asile, et c'est pourquoi cette maison aussi est une école dont les leçons peuvent être d'une merveilleuse utilité, surtout à notre époque. Qui ne se plaint aujourd'hui, et à bon droit, de cet amour désordonné de la richesse qui fait que nul n'est content de son sort, de ce sensualisme effréné qui aspire à toutes les jouissances et rejette toute idée de sacrifice pour l'accomplissement du devoir, de cet orgueil démesuré qui fait que l'on ne veut plus relever que de soi-même ? Mais quelle voix plus persuasive pour parler aux oreilles des enfants du siècle et les déprendre de ces convoitises qui les dévorent, et menacent d'anéantir la société elle-même, que celle qui sort d'une maison comme celle-ci, leur répétant sans cesse : *Jusques à quand aurez-vous le cœur appesanti et demeurerez-vous esclaves du mensonge?* Vous cherchez le bonheur, vous le cherchez partout et vous ne l'avez trouvé nulle part : la paix, le bonheur habitent ici, parce qu'ici habite Dieu, le Dieu qui a dit

Heureux ceux qui sont pauvres avec moi et pour moi, heureux ceux qui sont purs et marchent dans la loi du Seigneur, heureux ceux qui sont doux et humbles de cœur !

Et ne croyez pas, mes Frères, que, de fait, cette prédication muette soit stérile : il est peu d'hommes, même parmi ceux qui ont des préjugés contre la Religion, qui puissent être assez sourds pour échapper à son influence ; il en est peu qui, à certaines heures de leur vie, ne se soient pris à réfléchir sérieusement en voyant ces murs du couvent derrière lesquels on s'abrite contre ce monde, dont ils se sont fait une divinité, ou en entendant cette cloche, qui est pour le dehors, ainsi que pour le dedans, comme un écho de la voix de Dieu disant : O hommes, priez, travaillez, obéissez !

Et maintenant quelle puissance exerce cet enseignement du cloître sur ceux qui en franchissent le seuil, qui respirent son atmosphère de sainteté, qui considèrent de près cette morale en action ! Voyez cette jeune fille pauvre, constamment obligée de sacrifier aux autres ce qui tient le plus au cœur de l'homme, sa volonté, privée de toutes les jouissances de ce monde, n'ayant pas même l'espoir, précisément parce qu'elle est pauvre, de goûter un jour les joies légitimes de la famille. C'est elle que l'on

attire ici de préférence. Que doit-elle se dire,
je vous le demande, lorsqu'elle y rencontre
cette fille de famille qui était riche, et qui, de
son plein gré, s'est faite pauvre, pauvre jusqu'à
ne posséder pas même en propre le vêtement
qui la couvre ; qui pouvait se faire servir et
commander et qui s'est condamnée à une obéis_
sance de tous les instants ; qui voyait le monde
étaler devant elle ses joies et ses plaisirs, qui,
au printemps de la vie, pouvait en cueillir toutes les fleurs, en respirer tous les parfums, qui
avait d'ailleurs autant que quiconque un cœur
capable de s'attacher et d'aimer, et qui a renoncé
à tout, dit adieu à la terre pour ne s'attacher
qu'au Ciel et n'aimer que Dieu.

A cette vue, la jeune fille pauvre et déshéritée
pourrait-elle encore songer à murmurer contre
son sort, à rêver je ne sais quelle indépendance,
à prêter l'oreille aux avances, aux promesses du
démon tentateur? N'est-elle pas, au contraire,
naturellement portée à se dire : Pourquoi ne
pourrais-tu pas te résigner à un état qui est
ainsi aimé, préféré, embrassé volontairement?
Cur non poteris quod isti et istæ?... Et quand,
achevant par la parole ce que son exemple a
commencé, car les pieuses habitantes de cet
asile, pour couronner l'enseignement qui res—
sort de leur vie, aiment surtout à rompre le

pain de la parole aux humbles, aux déshérités de ce monde, et elles le font avec une profusion dont je ne saurais assez les remercier ; quand donc la pauvre volontaire vient dire à l'humble fille du peuple déjà pénétrée d'admiration pour ses vertus : « Mon enfant, sache que la pauvreté, que le travail et la soumission n'humilient pas ; ce qui dégrade c'est le vice, ce qui honore c'est la vertu, ce qui fait le bonheur c'est l'amour de Dieu et du devoir », peut-elle n'être pas comprise, peut-elle ne pas élever cette âme ? Oui elle l'élève, je vous l'affirme, mes Frères. Je pourrais, à l'appui de mon affirmation, vous parler d'héroïques vertus qui ont été apprises à cette école, vous citer des traits qui vous attendriraient peut-être comme ils m'ont attendri moi-même ; je me borne à vous dire, et ce seul mot suffirait pour montrer aux plus prévenus qu'il s'accomplit ici une œuvre non-seulement religieuse, mais sociale, qu'aux jours où l'existense de cette maison fut menacée, je vis de pauvres filles venir se jeter à mes pieds, me disant, les larmes aux yeux : Ne laissez point partir celles qui nous font tant de bien ; sans ces mères que deviendrions-nous ? pour les conserver, volontiers, s'il le faut, nous partagerons notre pain avec elles.

II

Le monde consent assez facilement à reconnaître qu'une maison telle que celle-ci est un foyer de vertu. Ne fût-ce que pour cela, il devrait l'honorer et la bénir ; mais il ne souffre pas la vie contemplative que l'on y mène : il reproche à celles qui l'habitent de s'y exempter des labeurs qui sont le lot de l'humanité ; il ne leur pardonne pas, ainsi qu'il le répète dans ses absurdes libelles, de demander à la société sans rien lui donner.

Ne vous semble-t-il pas, mes Frères, que déjà, par le bon exemple qu'elle lui donne, cette maison paie à la société le plus profitable de tous les impôts ? Aux accusateurs qui leur reprochent de ne rien faire, celles qui l'habitent ne pourraient-elles pas adresser cette parole de Notre-Seigneur : *Potestis bibere calicem quem ego...* Auriez-vous le courage de boire le calice dont se compose notre vie ? Mais j'ai été plus loin, j'ai avancé que cette maison, par cela même qu'elle est une maison de prière, est un centre d'action, et il sera bien aisé à quiconque a un peu de bon sens et de foi de reconnaître qu'il s'y accomplit pour nous le plus fructueux de tous les labeurs.

Le préjugé de ceux qui pensent le contraire ressemble à celui de l'ouvrier, qui, exagérant la part de service qu'il rend à la société, demande à quoi bon le travail de la pensée et se persuade que ceux qui méditent, que ceux qui étudient ne font rien. Il oublie que le travail manuel n'est que la cause instrumentale et secondaire de l'œuvre, mais que sa cause première et principale, sa cause créatrice et directrice c'est la pensée. Il ignore que le savant, en allant droit aux lois qui commandent aux faits, lui abrége le chemin, et qu'en dérobant à la nature ses secrets et ses forces, il en fait les agents les plus puissants du travail matériel.

Mais, mes Frères, si la pensée prime l'effort matériel et vaut mieux, il y a quelque chose qui prime la pensée elle-même et vaut mieux qu'elle à son tour : c'est cette force de l'ordre surnaturel que l'on appelle la prière.

Tout est soumis à Dieu, et Dieu a voulu se soumettre lui-même à la prière. Il a fait un contrat avec la terre, il a dit : *Ego Dominus : Je suis le maître, et tout doit obéir à ma volonté; je briserai toute hauteur qui s'élèvera contre moi, mais je ne mépriserai jamais un cœur contrit et humilié; la prière de celui qui s'humilie pénètrera le Ciel, et moi, le Tout-Puissant, j'obéirai à la voix de l'homme; demandez et vous recevrez, cherchez et vous trouverez, frappez et il vous sera ouvert.*

Il a été plus loin : il a permis à tous les hommes de s'entr'aider par la prière, et il a voulu que chacun pût concourir par elle au bien-être moral de la société, comme l'on concourt par d'autres moyens à son bien-être matériel.

Mais, d'un autre côté, Dieu veut et doit toujours se montrer Dieu vis-à-vis des individus, comme vis-à-vis de la société, et il ne peut se manquer à lui-même ; s'il accorde toujours sa grâce à l'humble qui le prie, il la refuse nécessairement au superbe qui prétend se suffire et se faire à lui-même son propre Dieu. Aussi, de même que la prière est la respiration naturelle de l'âme, sans laquelle celle-ci, privée de la grâce, ne peut qu'étouffer et périr, de même elle est la condition des bienfaits et des miséricordes qui font la vie des peuples. Ainsi que le dit saint Augustin, si la prière ne monte pas de la terre, la rosée de la grâce ne descend pas du Ciel.

Or, mes Frères, un fait qui n'est que trop évident, c'est que, de nos jours, la plupart des hommes ont désappris la prière : on ne prie pas ou l'on prie mal ; le monde perdra donc son équilibre si l'on ne vient à son aide ; il est exposé aux plus effroyables catastrophes si l'harmonie entre le Ciel et la terre n'est pas rétablie, si, en un mot, il n'y a pas des âmes qui prient pour celles qui ne prient pas.

Comment ne pas comprendre après cela l'utilité d'une maison de prière ? Comment ne pas admirer le bon sens de nos pères, qui croyaient rendre le plus grand service à la société en multipliant ces pieux asiles ?

Quand Job se vit obligé de faire son apologie devant ses amis : il disait : *J'ai été le pied du boiteux, l'œil de l'aveugle, le père des pauvres.* Voilà ce que pourraient dire pour leur défense tous les ordres contemplatifs : Nous avons des pieds pour ceux qui ne connaissent plus le chemin de l'église, des yeux pour ceux qui ne jettent plus un regard vers le Ciel, un cœur de père, un cœur de mère pour tous ces pauvres dont l'âme périt d'inanition.

Est-il nécessaire de vous dire maintenant, mes Frères, avec quelle efficacité ce travail de compassion et de charité doit s'accomplir dans une congrégation comme celle qui est ici représentée ? Vous le savez aussi bien que moi, ces pieuses filles, non contentes de prier au nom de Jésus-Christ, passent leur vie, pour ainsi dire, à ses pieds ; il est l'hôte de leur maison comme il était celui de la maison de Béthanie, et, à l'exemple de Marthe et Marie, elles l'entourent sans cesse, afin d'unir leurs prières à celles qu'offre lui-même, du haut de son tabernacle, ce divin *Médiateur toujours vivant pour intercéder pour nous.*

Marthe et Marie, par leurs témoignages de respect et d'amour, semblaient vouloir réparer toutes les ingratitudes, toutes les injures, toutes les indignités dont leur nation se rendait coupable envers Jésus. Ce n'est pas un vain nom que celui qu'ont voulu prendre nos Réparatrices. Elles aussi réparent l'indifférence, l'ingratitude dont Notre-Seigneur est l'objet parmi nous, en se multipliant auprès de lui et le jour et la nuit. Elles réparent les blasphèmes dont l'écho retentit jusqu'au fond du sanctuaire, en pleurant entre le vestibule et l'autel et en répétant : *Parce, Domine, parce populo tuo!* Grâce Seigneur, grâce pour votre peuple! Enfin, hosties vivantes proternées devant cette *hostie sainte et salutaire qui ouvre la porte du Ciel*, elles réparent nos iniquités en mêlant aux noires fumées qui montent du puits de l'abîme, l'encens de ce sacrifice si généreux, si complet qu'elles lui font sans cesse d'elles-mêmes.

Quand, après avoir gagné le cœur de Jésus jusqu'à en faire l'ami de leur famille, Marthe et Marie le prièrent pour leur frère Lazare, vous les avez, mes Frères, elles obtinrent sa résurrection. Oh! combien de Lazares au milieu de notre société? Combien d'hommes auxquels on peut dire : *Nomen habes quod vivas et mortuus es : On vous croit vivants et en réalité vous êtes morts ; Funus tecum portas : Vous portez avec vous votre tombeau.* Notre société elle-même, sous ces ruines que le souffle de la justice de Dieu a accumulées de toutes parts, ne ressemble-t-elle pas à un cadavre déjà étendu dans son sépulcre? Ces dissensions par lesquelles elle est travaillée ne ressemblent-elles pas à la dissolution du tombeau? Qu'a-t-elle donc fait de s'éloigner de Jésus-Christ! *Si vous aviez été ici, Seigneur, disaient les sœurs de Lazare, notre frère ne serait pas mort : Si fuisses hic, frater meus non fuisset mortuus.* O Jésus ! si notre société ne s'était pas séparée de vous, elle non plus n'eût pas été frappée à mort. Qui peut maintenant lui rendre la vie? Qui ressuscitera tous ces Lazares sur lesquels nous avons à pleurer? Dieu seul est capable d'opérer ce miracle ; mais ne pouvons-nous pas espérer que, de même qu'il ne l'a pas refusé à Marthe et Marie, il ne le refusera pas non plus à celles qui lui répètent sans cesse avec elles : *Sed et nunc scio quia quæcumque poposceris à Deo, dabit tibi Deus.*

Combien nous devons donc nous féliciter, mes Frères, de posséder au milieu de nous cette sainte maison ! Que je m'estime heureux d'avoir pu vous la conserver ! De quel cœur je vous remercie de m'y avoir aidé et vous exhorte à continuer de la soutenir toujours ! Faites plus encore, unissez volontiers les efforts de votre piété à ceux qui s'opèrent dans ce centre d'action. Quand vos devoirs vous en tiendront éloignés, imitez Daniel, qui, captif en Babylone, trois fois le jour se tournait en priant vers la ville sainte : du milieu de vos préoccupations et de vos travaux, aimez à envoyer quelquefois une pensée vers celui qui pense sans cesse à vous. Quand vous passerez près de ce sanctuaire, donnez au moins quelques marques de respect ; dites comme Jacob, lorsqu'il vit cette échelle mystérieuse qui allait de la terre au Ciel et par laquelle les anges montaient et descendaient : *Verè non est hic aliud nisi domus Dei et porta Cœli* : C'est vraiment ici la maison de Dieu et la porte du Ciel ; c'est ici que se trouve cette échelle mystérieuse par laquelle les anges de la terre montent et descendent pour nous, et, si vous le pouvez, entrez un instant, unissez volontiers de plus près votre prière à celles qui se font pour tous.

Et vous, mes Sœurs, maintenant que la Providence a si visiblement montré qu'elle vous veut ici, continuez avec plus de confiance que jamais votre mission. Pratiquez de plus en plus ces vertus qui doivent nous servir d'exemples, soyez de plus en plus le sel de cette terre, de plus en plus contribuez, par vos leçons, à former des générations honnêtes et chrétiennes. Chaque jour davantage, au moyen de ce levier si puissant d'une prière qui a pour point d'appui le Cœur de Jésus, travaillez à relever toutes ces ruines qui nous entourent, réparez, expiez pour nous.

Et, de votre côté, ô divin Jésus, laissez-vous toucher par la voix de tant de vertus, de prières et de sacrifices, et que de ce tabernacle, où nous sommes tous si heureux de vous avoir vu reprendre aujourd'hui votre place, descendent toutes les miséricordes dont nous avons besoin !

Saint-Denis. — Imp. A. LEFORT, rue Labourdonnais, 33.